# Makiwara no Sho

### (La voz del Makiwara)

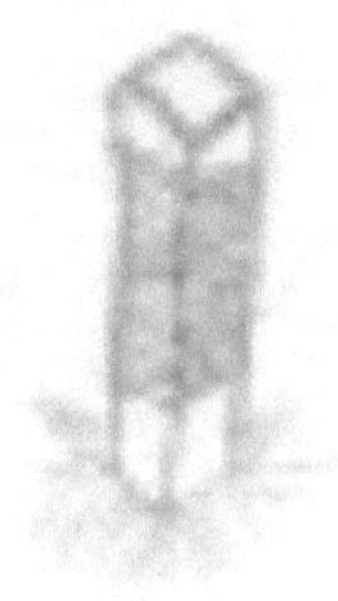

El manuscrito loco,
que no quise dejar inédito
Domingo A. Montes G.

# Tabla de contenido

# Prefacio

He decidido llamar a este librito el manuscrito loco, *que no quise dejar inédito.* Aunque tampoco supe bien qué hacer con él. Lo redescubrí un día cualquiera, mientras hurgaba entre esas rumas de papeles, carpetas, recuerdos viejos y peroles varios que muchos vamos acumulando con los años en cajas, gavetas o rincones olvidados. La verdad, no lo recordaba en absoluto. Fue como encontrar un mensaje lanzado por uno mismo en una botella, pero que el mar había traído de vuelta muchos años después. Así que, como vio la luz al salir de entre las sombras de las rumas, quise que saliera también a la luz de los ojos de los lectores, de esas almas curiosas y ávidas que se tropiezan con palabras como quien descubre un pasadizo. Así debía ser, me dije, en estos tiempos en que todo emerge, rebrota o se revela, y en los que, inevitablemente, todo lo que estuvo oculto anhela salir a la luz.

Además, la expresión creativa verbal, esa costumbre algo terapéutica de sacar afuera lo que uno lleva dentro, aunque sea en forma de garabato o desvarío elegante, es un bálsamo generoso, muy agradecido por la tiroides de cualquiera. Sí, incluso por la de los más escépticos. La tiroides, sensible como pocas, siempre aplaude cuando se le aligera el alma a punta de palabras.

Me hizo recordar el **Makiwara** que improvisé en Guacara, en un patio, hace ya cualquier cantidad de años, cuando la juventud parecía no tener límites. Lo usé con mucho interés y entusiasmo, golpeándolo con ganas hasta que la base finalmente se partió justo al ras, aunque más por el desgaste de la intemperie y el tipo de madera, que por la fuerza de mis golpes. En ese tiempo, ya galopaba con pasión y dedicación sobre el arte del **Shiatsu**. De ese proceso, de esa práctica intensa y de esas sensaciones, surgió gran parte del contenido que ahora contiene este librito.

Aunque es evidente que un artefacto así, usado para la práctica constante, fortalece el cuerpo y endurece el "cuero" de manos, codos y pies, su virtud central va mucho más allá. Su mayor poder radica en fortalecer el espíritu, el **Kime** —esa energía concentrada y definitiva— y la voluntad férrea de seguir adelante, incluso cuando todo parece conspirar en contra. Son esas cualidades internas intangibles, las que nos acompañan hasta el término de nuestra vida, y que perduran incluso después de ella, algo que el cuerpo terrenal jamás logra hacer, por más bello, sano o apoteósico que sea.

El glosario de los términos en negrillas se encuentra en el capítulo homónimo.

# ¿Qué es un Makiwara?

El **Makiwara** es un artefacto tradicional utilizado en las artes marciales, especialmente en disciplinas como el karate y otros estilos de combate originarios de Japón. Tiene su raíz y origen principal en Okinawa, la cuna histórica del karate, donde ha sido una herramienta fundamental para el entrenamiento de la fuerza y la precisión en los golpes. Aunque el makiwara es característico del karate tradicional, también existen versiones similares y adaptaciones de este dispositivo en diversas artes marciales de toda Asia, cada una con sus particularidades según la escuela y la técnica practicada.

Consiste en una viga sólida de madera, usualmente enterrada firmemente en el piso o, en ocasiones, fijada con fuerza a la pared, que se utiliza para golpear repetidamente sobre la misma durante el entrenamiento. En aquellos tiempos remotos de su origen, la razón principal para el uso del Makiwara era que, gracias a la potencia y precisión alcanzadas por los golpes entrenados en este aparato, los enfrentamientos fueran de corta duración, terminando rápido y con eficacia. Así, la práctica con el makiwara buscaba preparar a los guerreros para aplicar golpes decisivos que hicieran innecesarias largos combates.

*"Karate de Okinawa, un golpe, un muerto"*

El tablero del makiwara cuenta con una superficie acolchada, generalmente confeccionada con materiales como algodón, cuero u otros similares, que proporcionan un cierto grado de amortiguación. Esta capa blanda cumple la importante función de reducir el impacto directo sobre las extremidades durante los golpes repetidos, ayudando a proteger las manos, los codos y los pies de lesiones mientras se entrena con intensidad.

El objetivo principal de entrenar con el **Makiwara** es desarrollar tanto la técnica como la fuerza de golpeo de manera progresiva y controlada. Los practicantes lo golpean una y otra vez, repitiendo el movimiento con distintas partes del cuerpo: puños, codos, rodillas y pies, según el enfoque del entrenamiento. Esta práctica constante no solo ayuda a fortalecer las zonas de impacto, sino que también permite mejorar la precisión, la alineación corporal y la transmisión eficiente de la energía en cada golpe.

El entrenamiento con el Makiwara exige disciplina, paciencia y un alto grado de concentración. No se trata simplemente de golpear por golpear, sino de hacerlo con intención, precisión y control, ya que una ejecución descuidada puede derivar fácilmente en lesiones. Es fundamental que el practicante comience con golpes suaves y medidos, permitiendo que el cuerpo se adapte progresivamente al impacto. Solo a medida que se desarrolla la fuerza, la técnica y la resistencia, se puede aumentar de forma segura la intensidad de los golpes, sin comprometer la salud ni la alineación corporal.

Además de fortalecer los músculos y afinar la precisión técnica, el entrenamiento con el Makiwara también contribuye significativamente al desarrollo de la disciplina mental y la resistencia física. Es una práctica exigente que va más allá del cuerpo: requiere determinación, enfoque interior y una firme perseverancia para continuar golpeando el tablero una y otra vez, especialmente cuando el impacto comienza a generar dolor, incomodidad o incluso cierta frustración. En ese esfuerzo constante se forja no solo el cuerpo, sino también el carácter.

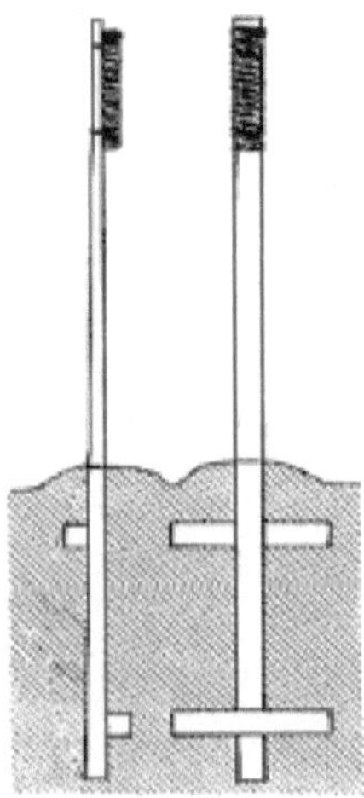

Makiwara.gif[1]

1. https://es.wikipedia.org/wiki/Makiwara%23/media/Archivo:Makiwara.gif

# Construcción

El makiwara se construye utilizando una viga de madera robusta, de aproximadamente 12 a 15 cm de lado, siendo notoriamente más ancha que profunda, lo que le da la apariencia de una tabla gruesa y firme. Esta forma particular permite que, al recibir el impacto de los golpes, la estructura genere un ligero efecto trepidante o de vibración controlada, algo que no ocurre en superficies completamente rígidas como una pared o una columna fijas. Esa pequeña flexión aporta realismo al entrenamiento, simulando la resistencia de un oponente sin comprometer la seguridad del practicante.

Idealmente, la madera utilizada para el Makiwara debe ser de ciprés, pino o cedro, aunque, siendo honestos, en la práctica suele emplearse cualquier tipo de madera que se consiga a mano y que ofrezca cierta flexibilidad y resistencia. La pieza debe medir entre 2 y 2,5 metros de largo, de los cuales unos 60 a 70 centímetros se entierran firmemente en la tierra para asegurar una buena estabilidad durante el entrenamiento. Es importante, además, que los bordes del madero se redondeen cuidadosamente, ya que los cantos vivos pueden provocar tontas lesiones innecesarias que nadie quiere sufrir por descuido.

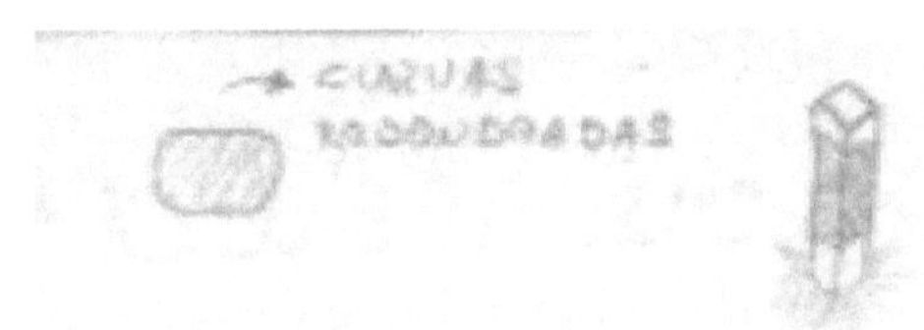

La madera ideal no debe tener ningún **nudo.** Sin embargo, es de tener muy presente que, cada practicante conseguirá la madera que le corresponde; la cual, aunque diste de ser perfecta, será la adecuada para *su* entrenamiento.

Al agregarle el recubrimiento o sellador, este debe aplicarse siempre partiendo de la mitad del poste hacia los extremos. Del mismo modo si es necesario lijarlo o cepillarlo, esto debe operarse partiendo del centro a los extremos. Una vez realizada esta operación, el Makiwara no debe colocarse en posición vertical hasta ser colocado en su lugar definitivo. Es decir, tanto su almacenamiento como su transporte deben realizarse en posición horizontal.

Primero, el poste se cubre por el frente y los lados con una capa delgada de goma, idealmente reciclada, como por ejemplo un trozo de la tripa de un neumático. Esta capa inicial actúa como base protectora y ayuda a amortiguar ligeramente el impacto. Luego, se procede a enrollar la cuerda con la máxima tensión posible, cuidando que cada vuelta quede tan pegada a la anterior como sea posible, sin dejar espacios ni holguras. Es altamente recomendable golpetear la cuerda cada tres o cuatro vueltas, ya sea con un martillo, un rolito de madera o cualquier herramienta improvisada que el ingenio individual sugiera, para compactar bien las fibras. Este detalle no debe pasarse por alto, como veremos más adelante, ya que una cuerda mal asentada puede afectar todo el propósito del entrenamiento.

Alrededor de este poste se enrolla una cuerda de fibras naturales -nunca usar sintéticas- de entre 6 y 7 mm de diámetro, formando un espiral ascendente.

La espiral debe seguir el sentido de las agujas del reloj y enrollarse de abajo hacia arriba.

Las puntas de la cuerda deben envolverse con tirro, cinta de tela, punteras o coserse, evitando anudarlas. La punta inferior es de plomo y la superior de oro, figurados o sugestivos, claro está.

Las puntas de la cuerda deben tratarse con cuidado. Es preferible envolverlas con tirro, cinta de tela, colocarles punteras o incluso coserlas con cuidado, pero siempre evitando anudarlas, ya que los nudos tienden a soltarse o generar irregularidades incómodas durante el entrenamiento. La terminación debe ser limpia y funcional. Por asunto simbólico, se dice que la punta inferior es de plomo y la superior de oro, figurados o sugestivos, claro está, como una manera de recordarnos que toda práctica comienza con peso y termina con luz...

El **Kanji** "Rey" debe colocarse en la punta superior, ya sea pintado directamente sobre la madera o previamente impreso y luego colocado allí. Este símbolo resume el carácter esotérico del artefacto.

El **Kanji** que representa "Rey", "Monarca" o "Soberano" también puede entenderse, en un sentido más amplio, como "Líder" o "Guía". En este contexto específico, el practicante no se refiere a una figura externa de autoridad, sino que se dirige simbólicamente a sí mismo. El trazo vertical del kanji une tres planos: el cielo, la tierra y el ser humano, reflejando la misma estructura esencial del Makiwara. Ese trazo que conecta lo superior con lo inferior representa también la alineación interna. Siendo el cielo Yo (yang), la tierra In (yin), el ser humano ocupa el lugar del puente, conteniendo en sí mismo ambos aspectos: **In/Yo**, femenino y masculino, receptivo y activo, tierra y cielo fusionados en la práctica consciente.

Si es necesario fijarlo con cemento, puede hacerse; sin embargo, es preferible colocarlo al aire libre.

A = 12 cm aprox.
   B = 250 cm
   C = 180 cm
   D = 60 cm

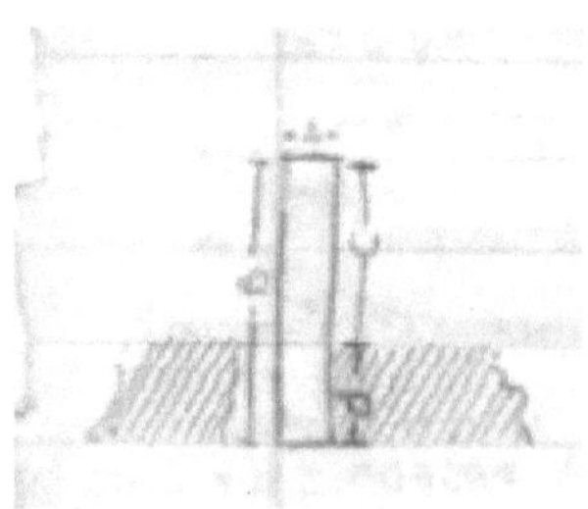

Es una buena idea —y una práctica cargada de intención— orientar el poste del Makiwara de acuerdo con los puntos cardinales, utilizando una brújula o cualquier otro método confiable que permita determinar la dirección con precisión. La parte posterior del makiwara debe quedar orientada hacia el Oeste, mientras que la parte frontal, aquella que se golpea, debe mirar hacia el Este, recibiendo la primera luz del día. Así, de manera lógica, los laterales quedarán dirigidos al Norte y al Sur, ubicándose el Makiwara en el centro del espacio como un eje simbólico, sin mayor esfuerzo, pero con un poderoso sentido de alineación y equilibrio.

Lo ideal es que la construcción del Makiwara comience durante la fase de luna creciente y culmine justo en luna llena, procurando no extenderse más allá de ese punto. Esta recomendación, responde a una lógica simbólica de expansión, plenitud y energía ascendente, muy presente en las tradiciones orientales. Por ello, es importante tomar con antelación las consideraciones prácticas necesarias —materiales, herramientas, tiempo disponible— para poder ajustar el proceso de construcción al ritmo lunar deseado. La intención puesta desde el inicio también forma parte del entrenamiento.

# Uso

*El sendero está en la práctica.*

Miyamoto Musashi

Al culminar la construcción del Makiwara, recomiendo quemar un poco de incienso en su base, dejando que el aroma se eleve en el ambiente como una ofrenda simbólica. Este gesto sencillo pero cargado de significancia debe dedicarse a los grandes maestros de todos los tiempos, esos guías invisibles que han legado su sabiduría a través de las generaciones. Considerar el makiwara no solo como un instrumento físico, sino también como lo que realmente es: una herramienta de mejoramiento personal y espiritual, eleva el acto de entrenamiento a un ritual con profundidad y respeto.

Todas las prácticas deben comenzar y finalizar con el **Gasshō**, que consiste en juntar las palmas de las manos en actitud de oración y respeto profundo. Antes de iniciar cada sesión, se realiza una petición ( futuro ), pidiendo que la práctica sea provechosa, fructífera y llena de aprendizaje. Al finalizar, se expresa un agradecimiento sincero, reconociendo los frutos obtenidos y el crecimiento logrado ( pasado). Entre estos dos momentos, que representan respeto y conexión, se desarrolla el uso del makiwara, el presente activo donde cuerpo, mente y espíritu se unen en armonía.

*La práctica es el presente. Uso es trabajo.*

La distancia durante el entrenamiento es un asunto totalmente individual, ya que depende directamente de la estatura y el alcance particular de los miembros de cada persona. Además, varía según la técnica que se esté trabajando en ese momento, pues algunas requieren acercamiento mientras que otras exigen más espacio para la ejecución correcta del movimiento. Por eso, encontrar la distancia ideal es un proceso de ajuste personal, que se afina con la práctica constante y la atención a las sensaciones del cuerpo.

El **Makiwara** fortalece específicamente las zonas de golpeo, según los distintos ejercicios y técnicas que se apliquen durante el entrenamiento. Cuando se utiliza de manera correcta y constante, incrementa significativamente la confianza al golpear, al tiempo que refuerza el sistema óseo, haciendo que las estructuras corporales sean más resistentes. Empleando los ejercicios indicados, el makiwara no solo mejora la fuerza física, sino que también genera numerosos beneficios para la salud en general y favorece el flujo adecuado del **Ki**, la energía vital. Además, acelera la adquisición del **Kime**, ese punto exacto de concentración de energía, y permite una autocorrección certera tanto del Kime como del aspecto biomecánico de las técnicas practicadas. Sin embargo, no es esta la principal consideración que queremos abordar aquí.

Cuando se golpea el Makiwara, este debe vibrar con intensidad, transmitiendo esas vibraciones más allá del plano físico, hacia el éter mismo. Y cuando esta vibración alcanza el punto exacto y adecuado, sucede que tanto el makiwara como el practicante comienzan a "cantar" juntos la canción universal. En ese instante, ya no es ni el makiwara ni el practicante quienes vibran individualmente, sino el espíritu que los trasciende a ambos; ya no existe objeto ni sujeto, ejecutor ni receptor, solo esa melodía cósmica, la canción universal que une y trasciende todo.

Pasado y futuro no se tocan cuando trabajamos con el **Makiwara**; solo el presente nos permite realmente actuar en todo momento. Aun así, esos tres mundos —pasado, presente y futuro— conforman un único todo, una unidad indivisible. En este sentido, el Makiwara representa el **In**, la energía receptiva, mientras que el practicante encarna el **Yo**, la energía activa y consciente. La práctica de los ejercicios es la sinergia dinámica que resulta de la unión de ambos, el **Do**. De hecho, la práctica misma, con todo su fluir y equilibrio, es el Do en su expresión más pura y auténtica.

El patrón visual que seguimos engloba los tres tiempos: si dirigimos la mirada hacia la izquierda, nos enfocamos en el pasado; si la llevamos hacia la derecha, nos proyectamos hacia el futuro; y si la mantenemos fija al frente, permanecemos en el presente. Sin embargo, esa no es la verdadera esencia del ahora. Para conectar con el auténtico momento presente, es necesario soltar la mirada, dejarla fluir, relajarla hasta abandonarla por completo, sin fijarse en ningún punto en particular. Esta actitud equivale a enfocar la vista en la eternidad, trascendiendo el tiempo y el espacio para experimentar la quietud profunda del instante.

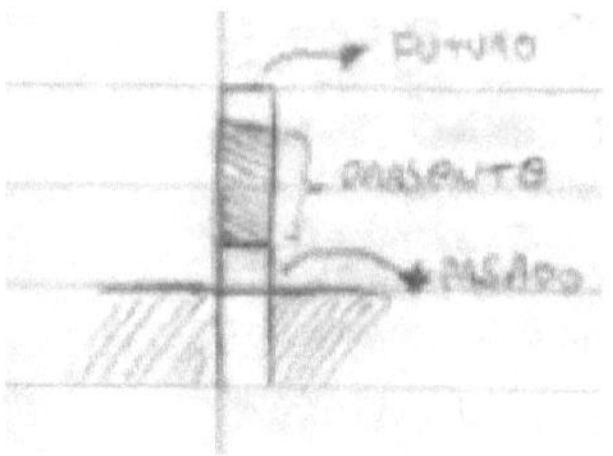


Igualmente, la parte arraigada del makiwara representa el pasado, lo ya establecido y firme, la base sólida sobre la cual se asienta el momento actual. El presente, por su parte, es el área de acción, el terreno vivo y dinámico donde realmente se manifiesta la única realidad posible. Finalmente, el futuro se simboliza como la punta superior, la proyección natural y directa de las acciones que ejecutamos en el presente, ese espacio abierto hacia lo que está por venir y que depende enteramente de nuestras decisiones y esfuerzos actuales.

# Advertencias

Daremos por sentado que quien practique domina los aspectos elementales de golpes y patadas, según la escuela o estilo que cada quien siga; si no es así, será necesario que se los procure antes de avanzar. Es fundamental que las diferentes formas de las manos, ya sea el puño cerrado, el **shuto** (corte de mano) u otras técnicas específicas, estén correctamente realizadas y alineadas con los principios básicos para evitar lesiones y maximizar la efectividad del entrenamiento.

Es imprescindible que el practicante conozca bien las áreas específicas de golpeo de cada "arma" corporal, entendiendo con claridad dónde debe impactar para obtener el máximo efecto, tanto desde el punto de vista marcial como más aun el terapéutico. Además, es fundamental incluir las áreas indicadas para la aplicación de técnicas que beneficien la salud y el bienestar general.

Lo mismo aplica para la distancia, conocida como **ma ai**, y para las diversas posiciones o posturas, que deben dominarse bien para garantizar un entrenamiento efectivo y seguro.

Un golpe mal ejecutado, o que impacte sobre un área corporal que no corresponde, no solo será ineficaz, sino que además solo causará lesiones innecesarias. Esto se agrava aún más si se insiste en repetir de forma errónea la ejecución, aumentando el riesgo de daños físicos y dificultando el progreso en la práctica. Por eso, la precisión y la técnica correcta son fundamentales para un entrenamiento seguro y provechoso.

Ante cualquier sensación de lesión, ya sea una rotura de la piel, un calambre, un esguince u otro tipo de malestar, es absolutamente necesario detener la práctica de inmediato. La prioridad siempre debe ser la recuperación y el cuidado del cuerpo. Aunque esto implique tomar un descanso que dure días o el tiempo que sea necesario para recobrar la normalidad, solo así se podrá volver a entrenar con seguridad y efectividad, evitando daños mayores o crónicos.

No son necesarias ni recomendables las exageraciones en la fuerza aplicada ni en la cantidad de repeticiones por tanda durante el entrenamiento. La intensidad y el volumen irán aumentando de forma natural y progresiva con el paso del tiempo y la constancia en la práctica. No hay prisa ni motivo para apresurarse; el apuro no tiene nada que ver con la constancia ni con el verdadero avance. Más bien, la paciencia y la disciplina son los pilares que sostienen el progreso duradero y seguro.

*El practicante que se jacta de las callosidades de sus nudillos, todavía no ha aprendido el significado del Karate-do.*

Gichin Funakoshi

Es un error grave realizar intensas tandas de entrenamiento, para luego abandonar por largos periodos sin hacer absolutamente nada. Esta forma irregular de entrenar no solo impide el progreso real, sino que puede generar frustración y desgaste innecesario. La constancia, en cambio, es una virtud necesaria y nutritiva que fortalece el cuerpo y la mente de manera equilibrada, permitiendo que los beneficios se acumulen y se sostengan en el tiempo.

Es parte fundamental del autoconocimiento aprender a distinguir los distintos tipos de dolor, ya que no todos tienen el mismo origen ni significado. Existen dolores propios de las actividades físicas, aquellos que surgen al exigir el cuerpo durante el entrenamiento y que, aunque incómodos, suelen ser señales normales de adaptación y fortalecimiento. Quienes hayan practicado ejercicios de cierta intensidad saben bien a qué me refiero y pueden reconocer cuándo el dolor es simplemente parte del proceso, y cuándo es una alerta que no debe ignorarse.

El objeto principal de este texto es guiarte hasta ese punto en el que puedas escuchar la silenciosa pero retumbante voz del Makiwara, esa voz interna que habla más allá del ruido físico y te invita a procurarte salud, equilibrio y bienestar psíquicos e integrales. Transformar las extremidades en armas letales o convertirse en un combatiente feroz no es la intención ni el propósito aquí; más bien, se trata de una práctica profunda que busca el desarrollo integral, donde el cuerpo y la mente trabajan en armonía para mejorar la calidad de vida y la conexión consigo mismo.

# El Makiwara, maestro del dolor, maestro de vida

Observa bien tu trabajo, practicante del Makiwara Esotérico, porque su práctica inevitablemente conlleva dolor. Pero no todos los dolores son iguales; estos tienen cualidades distintas, y es fundamental que aprendas a reconocerlas. Existe el dolor necesario, ese que indica que el cuerpo se está fortaleciendo y adaptando; el dolor absurdo, que surge por errores o excesos innecesarios; y el dolor liberador, que abre camino a nuevas sensaciones y crecimiento. Todos ellos, sin excepción, serán tus guías en este camino, mostrándote cuándo avanzar, cuándo detenerte y cómo crecer en tu práctica.

El dolor necesario es ese que, aunque puede ser molesto en su intensidad, va acompañado de una sensación profunda de bienestar y progreso interior. No es un dolor vacío, cizañoso ni arbitrario, sino uno que tiene un propósito claro y beneficioso para el cuerpo y el espíritu. Algunos ejemplos comunes de este tipo de dolor son, por ejemplo, el que sentimos al sacarnos un gran barro que estaba oculto y causando molestias, o el que experimentamos al exprimir un pus que debe salir para sanar una herida. También está el dolor provocado al sacar una astilla clavada en la piel, una molestia necesaria para evitar infecciones mayores. El dolor que acompaña a quien inicia una actividad física intensa, ese que indica que los músculos y tendones están despertando y adaptándose, es otro claro ejemplo. También forman parte de este grupo el dolor del estiramiento muscular cuando el cuerpo se flexibiliza, el dolor de la desfloración, que marca un momento crucial y transformador, el dolor intenso pero esperado del parto, y el de un posoperatorio, que señala que el cuerpo está en proceso de recuperación y regeneración.

Este tipo de dolor es satisfactorio, natural y, aunque en ocasiones resulte duro, su presencia significa que el proceso va en la dirección correcta y que algo está siendo limpiado, fortalecido o renovado.

El dolor absurdo, en cambio, es muy distinto al necesario; se trata de un dolor que no cumple ninguna función evolutiva, que no guía ni construye, sino que destruye, retrasa y confunde. Es un dolor que no es necesario, que surge sin justificación válida, y por lo tanto puede considerarse antinatural dentro del contexto de una práctica consciente. Este es el dolor que aparece por la exageración desmedida, por querer ir más rápido de lo que el cuerpo y la mente permiten, por forzar más allá del ritmo saludable. Es el dolor que proviene de un golpe mal dado, desalineado, sin conexión ni atención. También es el que se origina al ejecutar una técnica con el espíritu equivocado: con rabia, orgullo, apuro o desdén. Es el resultado de las cosas mal hechas, no por ignorancia sino por descuido, impaciencia o soberbia. Y lo peor de todo, este dolor se agrava, se profundiza, cuando además se insiste con terquedad en el mismo error que lo causó, sin detenerse a observar, sin corregir, sin escuchar al cuerpo. El dolor absurdo es, en ese sentido, una advertencia que se convierte en castigo cuando no se le presta atención.

El dolor liberador es una categoría especial y profundamente transformadora; se trata de un dolor que, aunque se siente con intensidad, posee una cualidad terapéutica inconfundible. No es simplemente una molestia física, sino una señal de que algo se está desbloqueando, soltando o sanando en lo más profundo del cuerpo y del alma. Este tipo de dolor ocurre, por ejemplo, al golpear el Makiwara de cierta manera específica, utilizando determinadas partes del cuerpo —como el puño, el codo, el talón o el antebrazo—, pero siempre desde un espíritu correcto, con intención clara, sin agresividad ni autoengaño. Es el mismo tipo de dolor que se experimenta durante ciertos masajes intensos o manipulaciones corporales profundas, cuando se disuelven tensiones acumuladas o se liberan cargas emocionales a través del tejido físico. También puede surgir en procesos internos, como el dolor emocional asociado a una separación necesaria, a una despedida que abre espacio para algo nuevo, aunque duela. Es un dolor que marca un tránsito, un paso hacia adelante, y aunque su presencia puede ser fuerte o inesperada, el alivio y la expansión que deja luego son inconfundibles. Sentirlo es, muchas veces, una forma de saber que algo esencial está ocurriendo.

Estos dolores pueden ser tanto físicos como emocionales, y con la práctica aprenderás a reconocerlos.

Estos dolores que acompañan la práctica y la vida misma son variados en su naturaleza. Algunos son completamente reales, con una base física o emocional tangible; los sentimos en los músculos, en los huesos, en la piel o en el alma, y no hay duda de su existencia. Otros, en cambio, son imaginarios, construidos por la mente, amplificados por el miedo, las expectativas o las creencias limitantes que arrastramos sin notarlo. Y luego están aquellos que son una mezcla compleja de ambos mundos: mitad reales, mitad imaginarios, pero igualmente impactantes. Son dolores que tienen una raíz física o emocional concreta, pero que se ven intensificados por la interpretación que les damos o por los ecos que despiertan en nuestra historia personal. Aprender a identificar la naturaleza de cada uno, reconocer cuándo estamos frente a una señal legítima y cuándo ante una ilusión disfrazada de verdad, representa un gran avance en el camino del autodescubrimiento. Es un acto de honestidad y conciencia que permite diferenciar lo que hay que atravesar de lo que conviene soltar, lo que sana de lo que envenena, y así avanzar con más claridad.

Cada uno de estos dolores posee características cualitativas diferentes, tanto en la manera en que se sienten como en los resultados y efectos que producen en quien los atraviesa con atención. No se manifiestan del mismo modo, ni física ni emocionalmente, y tampoco dejan la misma huella. Hay dolores que fortalecen, otros que enseñan, unos que limpian y otros que simplemente nos invitan a detenernos. Cada uno tiene su ritmo, su intensidad, su mensaje particular. Con el tiempo —y quizás más pronto de lo que imaginas— comenzarás a reconocerlos con mayor claridad, a diferenciarlos casi de forma instintiva, o al menos, eso espero sinceramente. Y cuando ese reconocimiento ocurra, cuando ya puedas decir "este es un dolor liberador" o "esto que siento es absurdo", entonces llega el momento más importante: el de extrapolar ese aprendizaje. Lleva esa sabiduría vivida a los distintos aspectos de tu vida cotidiana, a tus relaciones, decisiones, emociones, hábitos. Porque el dolor no es exclusivo del entrenamiento; se manifiesta en lo doméstico, en lo laboral, en lo íntimo. Aprender a leerlo en un lugar te permitirá comprenderlo en todos.

# El desfile ilusorio durante la práctica

Muchas son las ilusiones que, como sombras danzantes o fantasmagorías difusas, acechan sutilmente durante tu práctica, intentando infiltrarse en tu concentración y perturbar tu presencia. No son reales en sí mismas, pero tienen fuerza y volumen en la mente si se les permite crecer. Debes aprender a considerarlas a todas sin excepción como un gran *fórum* que te rodea, como un círculo imaginario lleno de voces y figuras, algunas familiares, otras no tanto, todas pretendiendo opinar sobre tu proceso. Ese fórum está repleto de críticas, de alabanzas vacías, de gritos ansiosos que te piden que te detengas ya, o que, por el contrario, te exigen que continúes a toda costa, sin importar cómo te sientas. Y junto a esas voces más evidentes, también hay un sinfín de pensamientos y sensaciones no relacionadas directamente con lo que estás haciendo en ese preciso momento, pero que insisten en competir por tu atención. Pensamientos sobre lo que debes hacer después, recuerdos del pasado, preocupaciones, fantasías o simple ruido mental. Tu tarea es observarlas sin dejarte arrastrar, verlas pasar como nubes en un cielo firme, sin cederles el control.

No hay dos tandas de prácticas exactamente iguales, incluso si repites las mismas técnicas, en el mismo orden y a la misma hora cada día. Cada sesión está influida por tu estado físico, emocional, mental, por el clima, el entorno, e incluso por detalles sutiles que no siempre percibes. La práctica es un espejo dinámico que refleja tu momento presente, y por eso, aunque parezca la misma desde fuera, siempre es distinta por dentro.

*Nadie se baña dos veces en el mismo río.*

Heráclito

De modo que, ante cada nueva tanda de práctica, es fundamental borrar intencionalmente de la memoria los errores cometidos en sesiones anteriores, así como los temores o dudas que puedan haberse originado a partir de ellos. Cada práctica debe ser considerada como una oportunidad nueva y fresca, un momento único que no depende del pasado ni está condicionado por él. Así, te permites comenzar de cero, con la mente clara y el espíritu abierto, dispuesto a explorar sin cargas ni expectativas innecesarias y estorbosas.

*Realmente ya no tengo objetivos, yo solo práctico...*

Juan Carlos Aguilar
Monje Shaolin

Ganas de detenerte, juicios sobre tu propio desempeño, expectativas de resultados, recuerdos de un mal golpe, y una larga infinidad de pensamientos: a todos ellos debe hacérseles caso omiso, salvo a tu voz interior que te dice: *Sigue adelante.*

# La voz del Makiwara

La distancia contiene su propio mensaje. Si es incorrecta, la técnica pierde eficiencia o se hace inaplicable, siendo por tanto cuestión táctica. La distancia pasa por que ocupemos el lugar que nos corresponde en la vida, ni demasiado atrás ni demasiado adelante y, por supuesto, sin desviarnos hacia alguno de los lados. Es evidente que, si estamos muy lejos en cualquier cardinalidad, no hay forma ni manera de interactuar ni con el Makiwara ni con los demás seres vivos.

Para el codo, la distancia debe ser muy corta; para el puño, media; y para la pierna, larga. Cada practicante debe figurarse por sí mismo la extrapolación de estas distancias en los distintos ámbitos, personales y situacionales de su propia vida.

En cierto momento del proceso, el practicante se dará cuenta de que existe una distancia específica desde la cual se desempeña con mayor facilidad, precisión o comodidad... o, por el contrario, donde todo se le hace más difícil, confuso o torpe. Esta distancia es, en realidad, un reflejo profundo de su relación con el mundo, con los demás y consigo mismo. Cuando logre reconocer esto de forma consciente, sin forzarlo, habrá dado un paso crucial: habrá comenzado a escuchar *la voz del Makiwara*, esa voz silenciosa pero elocuente que, aunque sin palabras, tiene tanto que decir y revelar.

Contrariamente a la actitud general del ser humano, que tiende naturalmente a refugiarse en lo conocido y en lo que le resulta cómodo y confortable, el practicante deberá aprender a dedicar más énfasis, atención y tiempo precisamente a aquella distancia en la que enfrenta toda clase de complicaciones, incomodidades y dificultades técnicas o internas. Es en esa zona incómoda donde se encuentra el verdadero potencial de crecimiento. No debe caer en la tentación de complacerse únicamente en aquellas distancias o técnicas que le resultan fáciles, en las cuales siente que domina o brilla con aparente destreza. Proceder de esta manera, dejando de lado el desafío real, es garantía absoluta de que jamás se logrará un avance real ni transformador.

Solo puede decirse con certeza que se ha dado un verdadero paso cuando ambas piernas han cambiado de lugar, aunque ese movimiento no ocurra simultáneamente, sino una después de la otra, como es natural. Mientras una pierna permanezca en el mismo sitio, no hay desplazamiento real, apenas una intención suspendida en el aire. Este principio, simple en apariencia, encierra una enseñanza profunda sobre el compromiso y la transformación: no basta con desear avanzar, hay que ejecutar el movimiento completo. Por eso, es necesario reflexionar sobre esto con seriedad, con atención plena, pues aplica tanto al cuerpo como a la vida misma.

La voz del Makiwara es, en esencia, la voz del autoconocimiento.

# Kihon

La expresión japonesa *Seiroku Saizen Katsuyo* se traduce como: "Mínimo esfuerzo, máxima eficacia". Esta máxima, que encierra una profunda sabiduría, debe mantenerse presente en todo momento durante la práctica con el Makiwara, y también en la vida cotidiana. No se trata de hacer menos por comodidad, sino de aprender a canalizar la energía de forma precisa, sin desperdicio, sin tensión innecesaria. Aplicar este principio es entrenar la economía del gesto, la claridad de intención y la efectividad consciente, elevando la calidad del acto sin añadir peso superfluo.

Kihon significa postura, siendo la más importante la postura del espíritu, y de la cual la del cuerpo deriva.

Quien camina demasiado rápido, impulsado por la ansiedad o la prisa, suele agotarse mucho antes de lo esperado, y termina recorriendo una distancia más corta de la que podría haber alcanzado con un ritmo más consciente. Este principio, simple pero contundente, aplica tanto al entrenamiento físico como al camino interior. Avanzar no siempre significa apresurarse. No te engañes a ti mismo creyendo que velocidad equivale a progreso. A veces, ir más lento te permite llegar más lejos, con mayor profundidad y menor desgaste.

Tu espíritu debe permanecer abierto, libre de prejuicios y expectativas determinadas, para escuchar la voz del Makiwara.

Del resto, el Kihon es el que ya conoces.

# Efecto sobre la mente

Una práctica bien llevada siempre proporcionará una sensación de bienestar.

La suma constante de pequeños progresos diarios, aunque a veces imperceptibles, tiene un efecto poderoso y acumulativo que fortalece la autoconfianza, no solo en uno mismo, sino también en la actividad que se realiza. Cada avance, por pequeño que parezca, se convierte en un ladrillo sólido que construye un camino firme y seguro. Esta acumulación gradual de logros refuerza la creencia en nuestras propias capacidades y en la efectividad de la práctica, creando un círculo virtuoso que impulsa a seguir adelante con más motivación y compromiso.

El aumento progresivo de la concentración durante la práctica traerá como resultado un cambio significativo en el enfoque mental, desplazando la atención de todo lo estresante y distractor hacia los ejercicios que se están ejecutando en el momento presente. Esta redirección de la mente no solo mejora la calidad de la práctica física, sino que también promueve una verdadera higiene mental, limpiando la mente de pensamientos perturbadores y reduciendo el estrés acumulado. Así, la práctica se convierte en un espacio de calma y renovación para el cuerpo y la mente.

La memoria, la capacidad de atención, la coordinación, el enfoque y la auto-observación se ven beneficiados.

Paradójicamente, aunque la práctica con el Makiwara se base fundamentalmente en golpear repetidamente un objeto fijo, esta misma práctica contribuye de manera significativa a la reducción de la violencia interna y externa. Lejos de fomentar la agresividad o la ira descontrolada, el entrenamiento disciplinado enseña a canalizar la energía de forma consciente y controlada, ayudando a liberar tensiones acumuladas sin causar daño a otros. Así, lo que podría parecer una actividad violenta en apariencia se transforma en un proceso de autocontrol, autoconsciencia y equilibrio emocional, promoviendo una actitud pacífica y armoniosa.

# Makiwara y Shiatsu

El uso del Makiwara teniendo como zonas o puntos de impacto los puntos del **Shiatsu** constituye una práctica excelente para la salud y el bienestar general. Al dirigir los golpes y presiones hacia estos puntos estratégicos del cuerpo, se estimula la circulación energética y sanguínea, facilitando el flujo del **Ki** y promoviendo la relajación y la armonización de los sistemas corporales. Esta combinación entre el trabajo marcial y terapéutico potencia los beneficios físicos, mentales y espirituales, convirtiendo el entrenamiento en una experiencia integral de sanación y fortalecimiento.

En este caso, se aprovecha el efecto de trepidación, es decir, la vibración y resonancia que se generan al impactar un objeto, de forma muy similar a cuando se utiliza el látigo de bambú durante la práctica del Chi Kung. Sin embargo, la diferencia fundamental radica en que, en esta práctica con el Makiwara, el instrumento permanece fijo e inmóvil, firmemente anclado en el suelo o en una estructura estable. Somos nosotros quienes generamos el impacto, entregando la fuerza y la intención, y produciendo así esa vibración controlada que viaja desde el punto de contacto hacia el resto del cuerpo, generando efectos beneficiosos tanto físicos como energéticos.

Arma tu rutina según tus necesidades personales.

Gradúa el impacto según tu composición física y las zonas utilizadas, recordando en todo momento que tu objetivo principal es el bienestar, tanto del cuerpo como del espíritu. ¡El espíritu del golpe determina el espíritu del resultado!

# Aspectos esotéricos y oraculares

Los nudos en la madera del poste no representan un simple detalle estético sin importancia, ya que la cuerda enrollada sobre él los disimulará fácilmente a simple vista. Sin embargo, no se trata de una cuestión de apariencia, sino de una consideración práctica y estructural fundamental. Un nudo en la madera indica una discontinuidad en su densidad y resistencia, lo que implica un punto de debilidad que podría comprometer la durabilidad del poste. Hay que tener en cuenta que el Makiwara deberá soportar no solo la exposición constante a la intemperie, con sol, lluvia y cambios de temperatura, sino también centenares e incluso decenas de miles de impactos a lo largo del tiempo, dependiendo de la frecuencia de la práctica. Y si el Makiwara es compartido entre varios practicantes, la exigencia sobre su integridad será aún mayor. Por ello, es recomendable elegir una madera lo más limpia posible de nudos o imperfecciones internas.

En un sentido simbólico más profundo, los nudos del poste representan los puntos débiles de la personalidad, esas zonas internas que no han sido pulidas o sanadas del todo, pero que forman parte de nuestra estructura. Al igual que en la madera, estos nudos no siempre son visibles a simple vista, pero están ahí, latentes, y tarde o temprano terminarán reventando o fracturándose en el recorrido del sendero personal. Durante la práctica constante, cuando la vida o el entrenamiento ejercen presión repetida, estas debilidades internas se manifiestan, ya sea como reacciones emocionales, bloqueos, patrones de pensamiento o comportamientos autolimitantes. Reconocerlos y trabajarlos, en lugar de disimularlos, es parte esencial del verdadero crecimiento.

El Makiwara puede entenderse como un puente bidireccional entre el cielo y la tierra, un eje vertical que conecta lo material con lo espiritual, lo visible con lo invisible. Su base, que permanece firmemente asentada en el In —la tierra—, representa la objetividad del practicante, la solidez interna, la fuerza contenida y el misterio profundo, ya que se encuentra enterrada, oculta a la vista, como lo están las raíces del ser. Por otro lado, la punta superior, que se proyecta hacia el cielo —el Yo—, simboliza la aspiración espiritual, el impulso de elevarse, de expandirse y de manifestar lo sutil en lo concreto. Es precisamente en la unión armónica de ambos polos, tierra y cielo, lo oculto y lo revelado, donde surge el **Do**: el camino, la vía, el trabajo consciente. Allí, en ese punto de encuentro, es donde ocurre la transformación.

La espiral de cuerda enrollada en el Makiwara no es simplemente un recurso práctico para amortiguar el impacto, sino un símbolo profundo del progreso continuo en el entrenamiento y de la mutabilidad constante de la práctica. Representa visualmente cómo el aprendizaje no es lineal ni repetitivo en sentido estricto, sino que se mueve en ciclos ascendentes, siempre renovados. Aunque todos los días se repitan los mismos ejercicios o rutinas, ningún día es idéntico al anterior: cambia el cuerpo, cambia la mente, cambia la intención. Este principio está bellamente reflejado en la cuerda misma, que, aunque pase cada vuelta por el mismo lado del poste, jamás ocupa exactamente la misma posición precedente. Cada giro es un avance, cada repetición es distinta, cada vuelta representa una nueva capa de experiencia que se suma al camino recorrido.

El poste recto del Makiwara es In, la estructura firme, estable y receptiva; es el eje vertical que sostiene, contiene y permanece. Por su parte, la cuerda enrollada que lo recorre en espiral es Yo, el movimiento, la acción consciente, la intención que se proyecta y se enrosca alrededor de lo inmutable. Esta cuerda se enrolla exactamente **108** veces, un número sagrado y significativo en muchas tradiciones espirituales y marciales, que representa la totalidad del gran recorrido interior. Cada vuelta no es solo una capa de protección o fricción, sino una etapa en el camino del autoconocimiento, del perfeccionamiento técnico y espiritual. Así, el acto de enrollar la cuerda se convierte en una ceremonia, en un gesto simbólico que une lo terreno con lo trascendente. El lado ancho es Yo, es decir lo evidente; y el angosto es In, lo oculto.

La espiral de cuerda debe seguir cuidadosamente el sentido de las agujas del reloj, es decir, girar de derecha a izquierda en descenso si se observa desde arriba, siguiendo el ritmo natural que asocia nuestra percepción del tiempo con el movimiento cíclico. Este gesto refleja el mismo sentido en que transcurre el flujo del tiempo dentro de nuestras mentes, una dirección que hemos interiorizado desde la infancia como la que marca el paso de los días, los relojes y las estaciones. Al respetar este sentido, se establece una correspondencia sutil entre la práctica externa y el flujo interno, lo que permite que la energía se alinee y fluya de forma coherente durante el entrenamiento. Así, el enrollado de la cuerda no solo cumple una función física, sino que establece una armonía temporal con la conciencia. La mitad superior del Makiwara es proyectiva; la inferior receptiva. Esto genera una corriente energética ascendente, potenciada por el impulso de la cuerda, que actúa como una especie de bobina. Por ello la importancia de su orientación, pues no es solo puro simbolismo, sino un aspecto práctico fundamental. Por esta razón durante su construcción se debe tener en cuenta la mitad hacia arriba y la mitad hacia abajo, esto es importante, como ya se ha mencionado.

# Palabras finales

El trabajo con el Makiwara devolverá exactamente lo que le aportemos. Nuestro contacto es su contacto, y nuestros golpes son, exactamente sus golpes. Es la vida regulándose a sí misma. Entre sus aportes más notables destaca el invaluable autoconocimiento, una condición *sine qua non* para el verdadero progreso material, personal, y espiritual.

El trabajo con el Makiwara es, en esencia, un acto de espejo: devolverá con precisión exactamente lo que le aportemos. No hay engaño posible, ni atajos, ni ilusiones sostenibles en el tiempo. Nuestro contacto con él es, simultáneamente, su contacto con nosotros; nuestros golpes, con su forma, su ritmo, su energía, son exactamente sus golpes también. Es un intercambio puro, directo, donde se manifiesta la ley de causa y efecto de manera palpable. Es la vida regulándose a sí misma, sin adornos ni concesiones. Y entre todos los aportes que esta práctica puede ofrecer, uno de los más notables y transformadores es el invaluable autoconocimiento, esa brújula interna que permite distinguir el rumbo verdadero. Sin él, no es posible avanzar con claridad, ni en lo material, ni en lo personal, ni mucho menos en lo espiritual. Es, en definitiva, una condición *sine qua non* para todo auténtico progreso.

*No se engañen; Dios no puede ser burlado: Pues todo lo que el hombre sembrare, eso también segará.*

Gálatas

# Glosario

108: Un importante número de la numerología oriental. 1 es la unidad, 0 el vació y 8 el infinito.

Do: El camino, la vía a recorrer.

Gasshō: Gesto característico de saludo y respeto.

In/Yo: Yin/Yang, los opuestos complementarios en los que se basa la dinámica del universo.

Kanji: Caracteres chinos de la dinastía Kan, adoptados por los japoneses como uno de sus 4 alfabetos.

Ki: Energía, vitalidad, soplo vital.

Kime: Precisión, exactitud, puntería.

Ma ai: La distancia apropiada a cada momento.

Nudo (de madera): Imperfección natural que ocurre en el nacimiento de una rama.

Okinawa: Región geográfica del archipiélago Ryu Kuy, invadida y anexionada a Japón por los samurái.

Shiatsu: Sistema terapéutico basado principalmente en la presión de dedos, sobre los puntos de acupuntura. Recomiendo mi libro "El Shiatsu que yo aprendí"

Shuto: Mano en forma de espada.

# Hipervínculos

Makiwara: https://es.wikipedia.org/wiki/Makiwara%23/media/Archivo:Makiwara.gif
Imagen de portada:
https://picryl.com/media/masutatsu-oyama-karate-a0df21

# Acerca del Autor

Domingo A. Montes G. es natural del Tigre Edo. Anzoátegui, Venezuela, nació sietemesino e iniciando los 70s; el esoterismo sin ISBN y el Bhaktivedanta Raja Yoga, constituyeron junto con "Condorito" y "Mortadelo y Filemón" entre otros, sus lecturas asiduas apenas estuvo en capacidad de leer de corrido. De la mano de Stephen King y James Clavell adquirió la costumbre de leer tamañas obras de corrido.

Desde temprana edad se sintió atraído por las grandes culturas, sus misterios y sus aspectos espirituales y esotéricos, así como por los avances tecnológicos y científicos, los hechos extraños, la vida extraterrestre y las maravillas de la naturaleza.

Gracias al excelente Karma de practicar el Buddha Dharma, bajo las líneas Zen Soto y Vajrayana Karma Kayu, junto al criterio inclusivo de la espiritualidad criolla, sistemas variopintos han fructificado, para el bienestar de todos los seres.

Defensor declarado de la Sabiduría Criolla, la autodeterminación de los grupos humanos, y los siete cueros, expone sin egoísmos ni pretensiones, lo que el Cosmos ha puesto a su alcance.

Habiendo ya investigado, ya practicado, ya conocido diversos y contrastantes caminos espirituales, entre ellos: Catolicismo, espiritismo y sincretismo, Magia Blanca, Magia natural, Gnosis en tres sectas, Elan Vital de Gurú Maharaji, Disciplina Mental/Ocular de E. Clarck, Metafísica, Cienciología, Programación Neurolingüística, Sukyo Mahikari, testigos de Jehová, Sistema Vietnamita de Yoga/Sanación, Seichem Reiki, CHIOS HEALING, Sanación Pránica, Artes Marciales, Shiatsu, Yoga del estado del Sueño, Spiritpathology Healing in the blood of Cristh entre otros, Seichem Reiki Master.

Ingeniero en Información – UNITEC.

TSU en Ciencias Gerenciales, M. P. y M. – UNITEC.

Técnico autodidacta en electrónica.

Técnico en Electricidad y Electrodomésticos, Modern Schools.

Técnico de 1ra en Rescate C.L.O.E., botón y diploma de honor al mérito en Vargas.

Construcción antisísmica artesanal hasta dos pisos. SENA Colombia.

Talleres de escritura y narrativa.

Cursos de psicopatía criminal y ética animal.

Fundador de la Escuela de Energía Superior SHIn Tao.

Fundador de la Biblioteca de Temáticas Espirituales "Retazos en Lontananza", actualmente en formato virtual.

Organizador e impulsor de la "Red de Luz", actualmente "Lista De Sanación".

Fundador del Sistema "Cristales Etéricos de Venezuela"

Fundador del Sistema de Sanación Pirámide Dorada.

Concrecionador del sistema de Sanación con Péndulo Consagrado: "Nuestro Método".

Fabricante artesanal de Péndulos Consagrados.

Creador del Péndulo de Compresión Astral.

Canalizador de la técnica 'Amorosa Secuencia' de la Madre María.

Canalizador de la técnica 'Libertad en movimiento' (LEM).

Canalizador de la técnica 'Bendiciones para todos'.

Canalizador de la 'Meditación en los atributos divinos' del Sr. Krishna.

Concrecionador del sistema: 'Superposición éterica arcangélica'.

Concrecionador del sistema 'El Abrazo Divino'.

Concrecionador del sistema '7 Capas'.

Concrecionador de 'Quántica Intensa'.

Autor de Varios Libros, manuales y artículos sobre sanación, espiritualidad y Dharma.

Ponente del ciclo de charlas 'Apuntes de Sanación Espiritual'.

Iniciado metafísicamente en la orden de ASCLEPIO. (1992)

Bendición astral directa de Elegua (1995).

Iniciado en Budismo Tibetano Vajrayana bajo el nombre Felicidad Incambiable (1999).

Gran Invocación a la Noche Cósmica (2000).

Bendición astral directa de Babalu Aye como sanador (2003).

Entrenado como Canalizador, particularmente Arcangélico desde 2005.

Bautizado astralmente por el Venerable José Gregorio Hernández, como Sanador (2007).

Bendición del Santo Espíritu como Sanador (2009).

Fundador y/o Padrino (Aquel que asigna el nombre) de los Grupos de Sanación:

"Jesús de Nazaret"

"Amado Arcángel Cassiel"

"Sanadores Emergentes"

"Amadísimo Arcángel Jophiel"

"Vibra Creciente"

"Gloria Tangible"

"A los pies del Gurú", entre otros.

# Otras obras del Autor

El sentido de la vida, Arian Mc'min&Jhon Colin traducción al castellano.

Siete Capas, fácil muy fácil.

Serie: Apuntes de Sanación Espiritual.

Serie: Manuales técnicos de Seichem Reiki.

Serie: Manuales técnicos de PD.

El Abrazo Divino.

101 mitos, errores y dudas en la práctica de la sanación espiritual.

El néctar de las Divinas Enseñanzas.

SHInTao SEICHEM Reiki. El sendero del dragón de fuego.

Serie: Clásicos del Reiki Japonés.

Usui Reiki Hikkei.

Hayashi Reiki Hikkei.

Sanación espiritual con Péndulo Consagrado. Nuestro Método. (Instrumento/Herramienta/Elaboración)

# Información de contacto

Correo:

domingo.alberto.montes@gmail.com

Facebook:

https://www.facebook.com/profile.php?id=1081942890

Autoreseditores:

https://www.autoreseditores.com/domingo.montes

books2read.com:

https://books2read.com/ap/nl0B6b/Domingo-A-Montes-G

# Don't miss out!

Visit the website below and you can sign up to receive emails whenever Domingo A. Montes G. publishes a new book. There's no charge and no obligation.

https://books2read.com/r/B-A-AXBOB-GQCKF

**BOOKS 2 READ**

Connecting independent readers to independent writers.

Did you love *Makiwara no Sho*? Then you should read *El Amado Arcángel Cassiel, Señor del rayo Oro/Violeta*[1] by Domingo A. Montes G.!

Este arcángel se manifestó, durante la época en que el trabajo del Grupo de Sanación, "Amado Arcángel Jophiel", era particularmente intensivo. En dicha oportunidad este nombre no nos era familiar, por ser, y aún lo es en buena medida, un arcángel poco conocido.De aquel tiempo a esta parte, su manifestación por los diferentes ámbitos del globo terráqueo se ha multiplicado, como parte del incremento de la actividad angélica últimamente. En aquella oportunidad, queriendo obtener un poco de información sobre el

---

1. https://books2read.com/u/bwAgKG

2. https://books2read.com/u/bwAgKG

mismo, lo único visual que conseguí fue la imagen de la portada, una foto de una medalla. Recibiendo claramente en Junio del 2018, el impulso de escribir este pequeño libro, busqué en google con el ánimo de actualizar la imagen, y me encontré con que el panorama había cambiado, ahora eran muchas las imágenes y también las páginas con información diversa, una revisión general me permitió ver que, los atributos asociados a este Arcángel en la WEB, eran los del regente astrológico de su día, es decir el Sábado y por tanto Saturno, es decir el mío. Esto mismo me permitió, que se respondiera inmediatamente la pregunta que me hice, al ver aquella variedad de páginas y folletos dedicados al mismo; ¿Por qué, ante tanta abundancia informativa, quieren los Maestros que se escriba un libro más?. En parte este libro no es una recopilación de aquí y de allá, salvo por los aspectos y oraciones clásicas del acervo espíritu-cultural, contiene los decretos, mensajes e instrucciones dictados por el arcángel mismo, por medio de la facultad de Canalizar, en la que fui entrenado por varios años, dejando atrás la Mediumnidad que desarrollé tiempo antes hasta la media-unidad. Durante ese periodo, los arcángeles que se manifestaron con mayor frecuencia e intensidad fueron, El Amado Arcángel Miguel, Amado Arcángel Jophiel y Amado Arcángel Cassiel. No encontrará en ningún otro lado una compilación similar, doy por sentado que le será muy útil, tanto a legos como a esoteristas. Es un libro básicamente criollo, sin pretensiones académicas, eruditas o hagiográficas. Es de particular importancia, que vea la luz, en los tiempos de la peor crisis tiránica de la historia de Latinoamérica. Se diseñó inicialmente en dos columnas por página, simbolizando las 2 alas de los ángeles, aunque algunos coros poseen 6 y en otros casos ninguna. Este diseño debió ser descartado al maquetar el formato actual. Desde que conocí la existencia de estos seres espirituales, siendo el 1ro de ellos, el Ángel de la Guarda que estaba en la cabecera de mi cama, en un cuadro enmarcado. En un cierto momento, tomando en cuenta que eran seres espirituales, me pregunté por qué necesitaban alas, si todos los demás habitantes del Astral y de otros planos, o quienes están solo de paso, no las requieren para volar o desplazarse. De aquel tiempo a esta parte, aun cuando en todas las percepciones visuales, los he visto alados, nunca los he visto utilizarlas para el vuelo, tal como lo haría un pájaro.

# Also by Domingo A. Montes G.

**Clásicos del Reiki Japonés**
Usui Reiki Hikkei, Guía de Reiki de Usui Sensei

**Miyamoto Musashi, Obras**
Go Rin no Sho - El Libro de los Cinco Anillos

**SHInTao Seichem Reiki - El estilo del Dragón de Fuego**
SHInTao Seichem Reiki Shoden - Guia del Nivel Uno. El Sendero
del Dragón de Fuego.

**Standalone**
El Amado Arcángel Cassiel, Señor del rayo Oro/Violeta
El Néctar de las Divinas Enseñanzas
Sanación Espiritual con Péndulo Consagrado "Nuestro Método", la
forma de péndulo más evolucionada
El sentido De La Vida - En castellano

El Abrazo Divino, el Tetra Yoga de Jesús el Cristo
Siete Capas
101 Preguntas, mitos y errores En la sanación espiritual
Bendiciones Para Todos
Makiwara no Sho
Cronotopía
El OjO Silente
La orquídea tóxica

# About the Author

Domingo A. Montes G. es natural del Tigre Edo. Anzoátegui, Venezuela, sietemesino y lector insaciable desde niño. Defensor declarado de la Sabiduría Criolla, desde temprana edad se sintió atraído por las grandes culturas, sus misterios y sus aspectos espirituales y esotéricos, así como por los avances científicos, los hechos extraños y las maravillas de la naturaleza.Gracias al excelente Karma de practicar el Buddha Dharma, bajo las líneas Zen Soto y Vajrayana Karma Kayu, junto al criterio inclusivo de la espiritualidad criolla, sistemas variopintos han fructificado, para el bienestar de todos los seres. Autor de Varios Libros, manuales y artículos sobre sanación, espiritualidad y Zen.Técnico de 1ra en rescate.Ponente del ciclo de charlas 'Apuntes de Sanación Espiritual' en San Diego.Organizador e impulsor de la 'Red de Luz', actualmente 'Lista De Sanación'.Fundador de la Escuela de Energía Superior SHIn Tao

(SHIn Tao SEICHEM REIKI).Fundador del Sistema de Sanación Pirámide Dorada.Fundador de la Biblioteca de Temáticas Espirituales "Retazos en Lontananza", actualmente en formato virtual.Concrecionador del Sistema "Cristales Etéricos de Vzla.".Concrecionador del sistema de Sanación con Péndulo Consagrado: 'Nuestro Método'.Fabricante artesanal de Péndulos Consagrados.Creador del Péndulo de Compresión Astral.Actualmente desarrollando dos péndulos inéditos.Concrecionador del sistema 'El Abrazo Divino'.Concrecionador del sistema '7 Capas'.Canalizador de la técnica 'Amorosa Secuencia' de la Madre María.Canalizador de la técnica 'Libertad en movimiento'.Canalizador de métodos eSotéricos no disponibles al público.Canalizador de la 'Meditación en los atributos divinos' del Sr. Krishna.Concrecionador del sistema: 'Superposición etérica arcangélica'.